아파하는 지구의 허파
아마존 숲의 편지

Title of the original edition: De olho na Amazônia
© 2007 by Editora DCL_Difusão Cultural do Livro LTDA, Sao Paulo, Brasil
© 2007 text and illustrations by Ingrid Biesemeyer Bellinghausen
All rights reserved
No part of this book may be used or reproduced in any manner
Whatever without written permission, except in the case of brief quotations
embodied in critical articles or reviews.
Korean Translation Copyright © 2010 by Haesol Publishing Co.
Published by anangement with Editora DCL through BC Agency, Seoul.

이 책의 한국어판 저작권은 비씨 에이전시를 통한 저작권자와의 독점 계약으로
도서출판 해솔(걸음동무)에 있습니다. 신 저작권법에 의해 한국 내에서
보호를 받는 저작물이므로 무단전재와 무단복제를 금합니다.

아파하는 지구의 허파
아마존 숲의 편지

2010년 1월 20일 초판 1쇄 펴낸날
2024년 12월 01일 초판 13쇄 펴낸날

글쓴이 • 그린이 | 잉그리드 비스마이어 벨링하젠
옮긴이 | 최현화
펴낸이 | 이승규

제조자명 | 걸음동무
출판등록 | 제406-2012-000008호
주소 | 경기도 파주시 갈현로29번길 40-6, 102호
손전화 | 010-5381-3635 • 전화 | 031-949-8898 • 팩스 | 031-949-8868
이메일 | haesol2006@hanmail.net
네이버 카페 | cafe.naver.com/haesol2006
걸음동무는 도서출판 해솔의 그림책 전문 브랜드입니다.

ISBN 978-89-92883-06-1 77890
      978-89-958127-2-3(세트)

책값은 뒤표지에 있습니다.
잘못된 책은 바꾸어 드립니다.

이렇게 해 주실 여러분께 이 책을 바칩니다.
막상 이 책을 펼치면 눈여겨 볼 것이고,
그림을 보면 글을 읽어야 한다는 부담이 생길 것이고,
글을 읽으면 감화를 받을 것이고, 그리고
한번 감화를 받게 되면, 이 책의 의도를 이해할 것이고,
의도를 완벽히 이해하게 되면,
책임을 호소하는 소리가 들릴 것이고,
책임을 느끼게 되면 숲을 보호하고 싶어질 거고
숲을 보호하면서 돌보게 될 거고
숲은 아마조니아에 남게 될 것이다.
숲이여, 아마존 열대 우림이여, 만세!

-잉그리드-

우주를 들여다보세요! 끝이 없는 듯 보여요.
그 무한한 공간에 놓인 파란 점 하나.

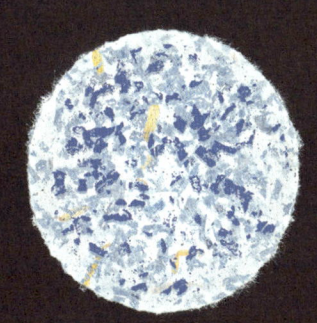

우주는 행성과 혜성, 별과 은하로 구성되어 있어요.
너무나 커서 자로 잴 수도 없지요.

이곳에 내가 있어요.
나를 찾았나요?

맞아요!
바로 여기, 지구에 있어요.

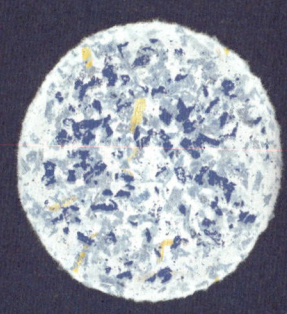

지구는 태양계에서 태양의 주위를 도는
여덟 행성들 가운데 하나예요.
수성, 금성, 화성, 목성, 토성, 천왕성, 해왕성도
태양의 주위를 돌고 있어요.

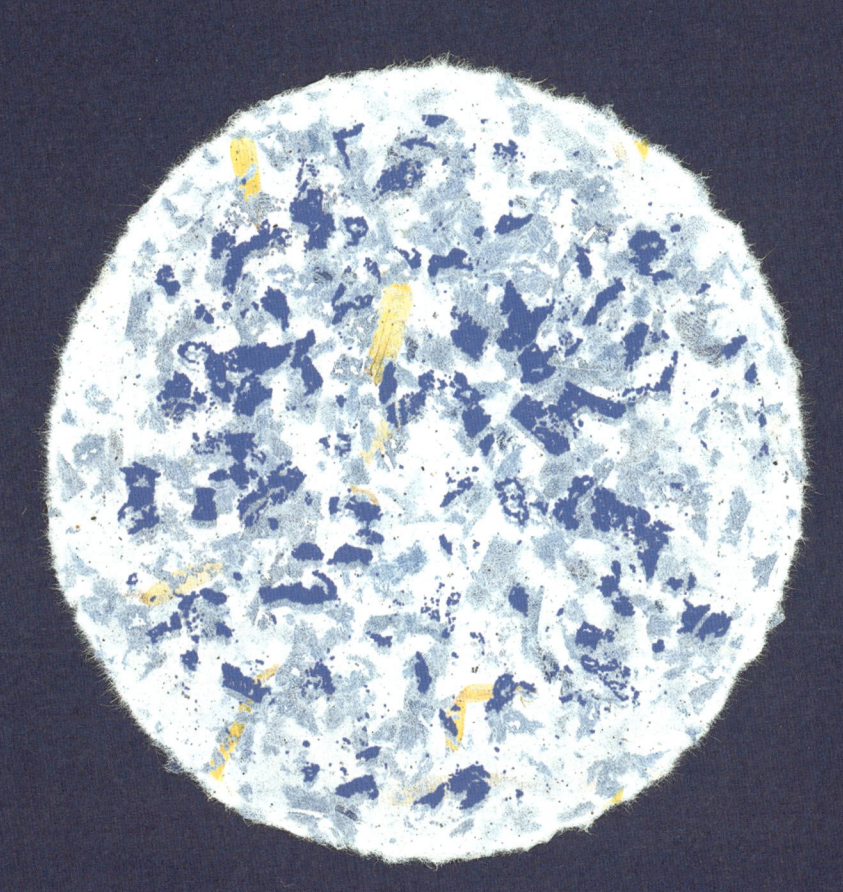

대기권 밖에서 바라보면 지구는 아름답고, 파랑으로 가득 차 보여요.
그것은 물이 여섯 대륙의 주위를 둘러싸고 있기 때문이에요.
지구는 71퍼센트가 물로 덮여 있어요.

대륙이 무엇이냐고요? 대륙은 대양으로 둘러싸인 거대한 땅 덩어리예요.
대양은 또 무엇이냐고요? 대양은 드넓은 큰 바다를 말해요.

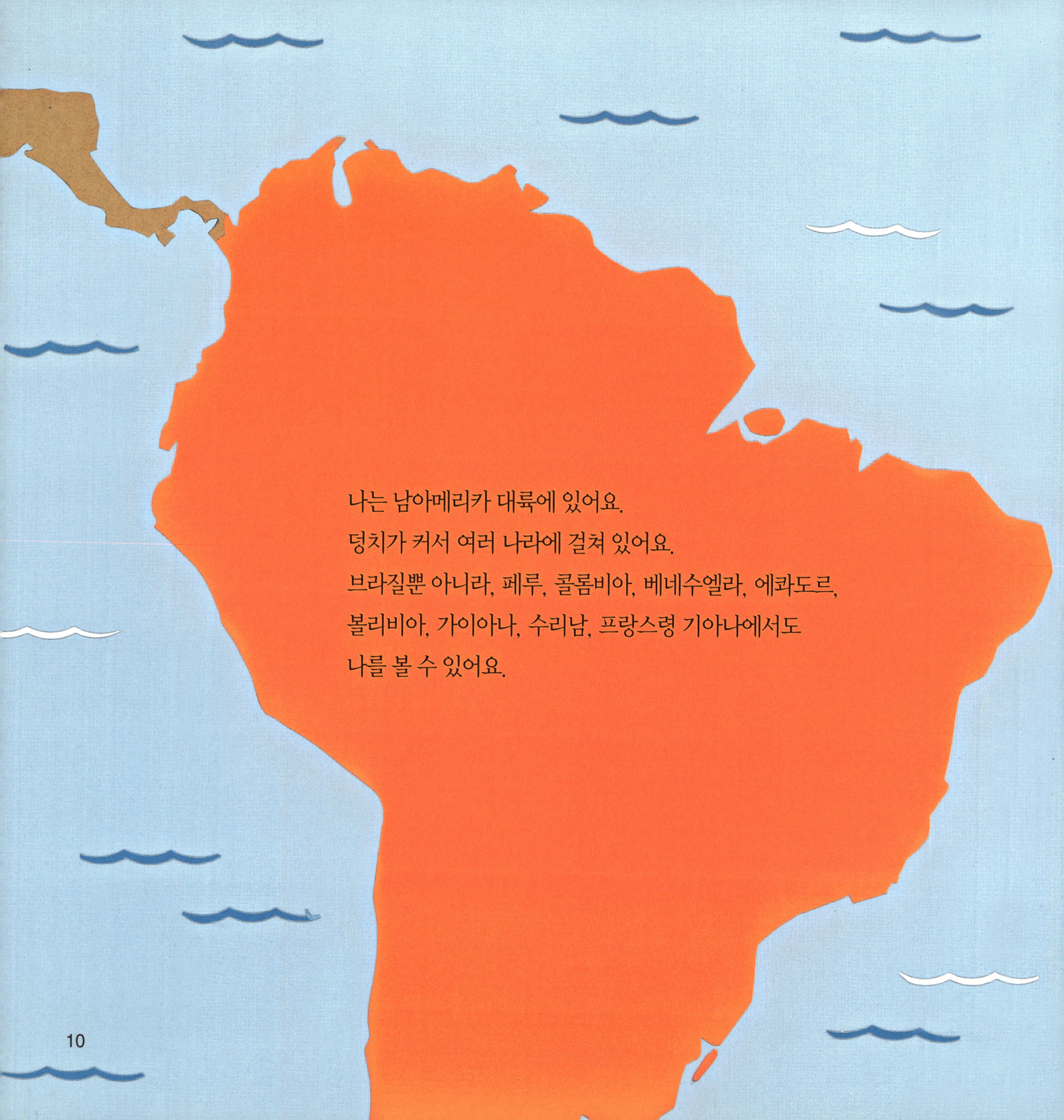

나는 남아메리카 대륙에 있어요.
덩치가 커서 여러 나라에 걸쳐 있어요.
브라질뿐 아니라, 페루, 콜롬비아, 베네수엘라, 에콰도르,
볼리비아, 가이아나, 수리남, 프랑스령 기아나에서도
나를 볼 수 있어요.

이제 내가 누군지 알겠어요?
그래요, 나는 아마존 열대 우림이에요.
만나서 반가워요!

언뜻 보면 내 모습은 거대한
녹색 담요 같지요.

하지만 가까이에서 살펴본다면,
내 안에서 강을 발견하게 될 거예요.
나일 강과 함께 세계에서 가장 긴
아마존 강 말예요.

또 조금만 가까이 다가와도 나한테는 매우 다양한 종의
식물과 동물이 있다는 걸 알게 될 거예요.

키가 작은 나무에는 우아카리원숭이나 거미원숭이 같은 동물들이 살아요.
그 곁에 나무늘보도 있어요.
귀여운 생김새 때문에 사람들은 집에 데려가고 싶어 해요.
하지만 자연이라는 집을 멀리 떠나면 결국엔 죽고 말아요.

커다란 개미핥기와 그 앞에 가는 아구티가 보이나요?
강으로 이어진 오솔길을 걷고 있지요.
강에서는 피라루쿠를 볼 수 있어요.
민물에서 사는 물고기 중에서 몸집이 가장 큰 비늘 물고기예요.
하지만 멸종 위기에 놓여 있어요.

피라니아

아구티

또 투쿠나레와 피라니아도 볼 수 있을 거예요.
피라루쿠보다 작은 물고기지요.
조용한 강에서는 큰가시연꽃이 자라는데,
이 연의 잎은 아기의 무게도 감당할 수 있을 정도로 크지요.

피라루쿠

큰가시연꽃

투쿠나레

강에는 물위에 지어진 집도 볼 수 있는데,
원주민들이 살고 있는 집이에요.

자, 이제 특별한 걸 보여 줄 차례예요. 보세요!
어두운 빛깔의 네그루 강이 진흙을 가득 담은 술리몽스 강과 만나고 있어요.
신기하게도 두 강은 섞이지 않고 나란히 흐르며 아마존 강을 이루어요.

바다소는 아마존 강에 사는 포유동물들 가운데 몸이 가장 큰 동물이에요.
맑은 물에서 물풀을 먹으며 살아요.
사냥 때문에 바다소도 멸종 위기에 놓여 있어요.

바다소

아마존 숲속 고무나무에서는 고무가 나요.
고무나무에서 우윳빛 나무즙을 받아 고무를 만들 수 있어요.
고무를 채취하는 일은 자연을 해치지 않아요.

하지만 사람들은 동물과 물고기들,
심지어는 자연 그 자체도 돌보지 않은 적이 많았어요.
나무를 불태우고 잘라서 나는 황폐해졌어요.
그리고 지구에는 온실 효과가 나타나 기온이 높아졌어요.

동물들이 살 곳을 찾지 못해서, 먹을 것을 구하지 못해서 죽어 가고 있어요.
오늘날 3천 종이 넘는 동물들이 사라질 위기에 놓여 있어요.

하지만 태양은 뜨고 희망도 다시 떠올라요.
나는 사람들과 동물들이 나와 더불어 살아가기를 간절히 소망해요.

숲이 파괴되기는 했지만 나는 여전히 가장 크고, 가장 풍요로운 열대 우림이에요.
지구에 있는 민물의 20퍼센트가 내 안에 있어요.

하지만 지금 나는 여러분의 도움이 필요해요.
내 안에 있는 무한한 생명들을 보세요.

내가 보호하는 모든 동물과 식물들이
함께 살 수 있도록 도와주세요.

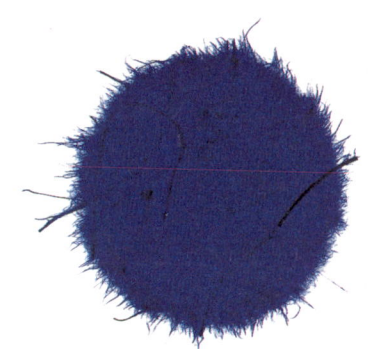

지구에 남아 있을 수 있도록……,

무한한 공간에 놓인 파란 점 하나…….

　아마존 강 유역의 열대 우림은 세상을 향해 도움을 청하고 있습니다. 이곳 아마조니아에 살고 있는 다양한 종의 생물들은 생존에 위협을 받고 있으며, 삼림에 대한 결코 끝나지 않을 파괴 행위는 파괴자들뿐 아니라 전 인류에게 크나큰 손실을 초래할 것입니다.
　이제 이 슬픈 현실에 눈을 떠야 할 때입니다. 이 지구에서 가장 울창한 숲을 위해 무언가 행동을 해야 할 때이고, 감사하고 숲을 위해 싸워야 할 때입니다. 우리 모두 아마존 숲을 지켜봐야 합니다.

　이 책의 일러스트는 다양한 소재와 사진들로 구성한 콜라주입니다. 색감이 대조적인 여러 가지 종이들(재생지, 불투명 종이, 일본 전통 종이, 부드러운 종이, 결이 난 종이 등)이 사용되었습니다. 가위로 자르기도 했지만 때로는 그냥 손으로 찢어 표현하기도 했습니다. 콜라주 위에 크레파스로 그림을 그리기도 했습니다. 그런 다음 스캔 하여 컴퓨터로 마무리 손질을 한 것입니다.
　이 그림책은 브라질 학교에서 특정 주제에 관해 수업을 할 때 사용되고 있습니다.

잉그리드 비스마이어 벨링하젠
브라질의 상파울루에서 태어나 대학에서 미술을, 대학원에서 미술사를 전공했습니다. 1998년 첫 책을 펴낸 이후 어린이 그림책 작가로 글과 그림을 작업하고 있습니다. 펴낸 책을 주제로 한 워크샵을 통해 어린 독자들에게 가까이 다가가고자 늘 노력하는 이 작가의 그림은 색채와 대비, 그리고 단순한 형태감 등이 특징입니다. 1998년 출간된 그녀의 첫 그림책 《작은 세계》는 10년 넘게 베스트 셀러로써 꾸준한 인기를 얻고 있습니다.
작가 이메일 ingrid@ingridautora.com.br
작가 홈페이지 www.ingridautora.com.br

김현좌
1965년에 태어나 고려대학교에서 독어독문학을 공부했습니다. 어린이 책 만드는 일과 인터넷에서 어린이를 위한 콘텐츠를 기획하는 일을 했습니다. 옮긴 책으로 《앤서니 브라운의 거울 속으로》 《할머니, 천사들이 왔나요?》 《엄마가 되어 줄게》 《성격은 달라도 우리는 친구》 등이 있습니다.